AVANTAJES

DE L'EDUCASION DES

Coléges sur l'éducasion domestique.

A AMSTERDAM,

& se vend

 ## A PARIS,

Chez **BRIASSON**, rue S. Jacques ;
à la Science.

M. DCC. XL.

AVANTAJES
DE L'EDUCASION
DES COLEJES
fur l'Educafion domeftique.

PREMIER AVANTAJE
TREZ IMPORTANT.

Les anfans au Coléje font plus d'uzaje & fortifient davantaje en eux le motif du dezir de la gloire & le motif de la crainte, du mépris & de la honte que dans l'éducafion domeftique.

NOUS avons dez le premier âje du plézir à furpaffer nos pareils de même âje, & fur tout, lorfqu'il i a des témoins, & lorfque nous en recevons des louanjes; ainfi il eft naturel que nous ayions du dezir pour tout ce qui nous atire des louanjes.

D'un autre coté, nous fentons de la peine , nous avons de l'averfion pour le blâme & pour le mépris , & par confequent pour les défauts qui nous atirent du mépris & de la honte.

Cete inclinafion , cete averfion que nous tenons de la nature , ne fçauroient jamais etre trop forti-fiées dans l'Educafion , pourvu que dans la meme Educafion nos Maitres nous aprennent ce qu'il i a de plus ou de moins digne de blâme & de louanje dans les axions & dans les entreprizes des hommes.

Ainfi il faut que l'inclinafion pour la gloire , c'eft à dire pour la diftin-xion en bien , antre nos pareils , foit toujours dirijée vers le plus efti-mable,& vers les qualitez de l'efprit & du cœur les plus dignes de louan-jes ; & que l'averfion pour la honte foit anployée pour eviter les dé-fauts , à proportion qu'ils font me-prizables & blâmables.

Or pour avoir plus fouvant le plé-zir de furpaffer fes pareils en eftima-

ble , & pour éviter la honte d'en
etre furpaffé, il faut tous les jours
des pareils à l'anfant , avec qui il
puiffe fe mezurer , fe comparer ; &
plus il en a , plus il fait d'efforts pour
acquerir & les talans & les vertus
qui lui atirent des louanjes , ce qui
eft une diferance effantielle entre
l'Educafion domeftique & l'Educafion du Coléje.

SECOND AVANTAJE
TREZ IMPORTANT.

*L'anfant aprand mieux au Coléje à co-
noître les qualitez les plus eftimables
& les plus dignes des plus grandes
louanjes.*

Je fupoze que tous les mois dans
chaque claffe du Coléje, on donne
publiquement le prix de la vertu à
un des ecoliers choifi au Scrutin par
fes camarades , & que ce prix foit
double en valeur du prix des talens;
ce prix de la vertu fuperieure fe donnera par le Réjant , au plus doux ,

au plus poli , au plus induljant , au plus pardonnant, en un mot au plus bienfaifant pour plére à Dieu.

C'eft que la fuperiorité de vertu eft au moins deux fois plus eftimable que la fuperiorité des talans.

Cete fuperiorité d'eftime pour la vertu eft fondée fur ce que la vertu diftinguée rand heureux le vertueux & fes concitoyens ; au lieu que la fuperiorité des talans, fans juftice & fans bienfaizance, nuit & à celui qui a ces talans & à fes concitoyens , témoin Catilina.

Celui qui aura le prix de la vertu, aura toujours la place la plus honorable de la claffe ; on ne fçauroit croire combien cete diftinxion donnera d'emulation du coté de la vertu; or cete precieufe emulation n'eft point poffible dans l'Educafion domeftique.

On ne fçauroit jamais trop les convaincre qu'un fimple particulier pauvre & mal fait, comme étoit Socrate , peut etre trez eftimé , trez loué & trez aimé de fesconcitoyens, à caufe de fes qualitez eftimables : or en voyant leurs condifiples louez, eftimez & recompanfez par des prix, les uns pour leurs vertus diftinguées, les autres pour leurs talans diftinguez, & jamais aucun pour fes richeffes & pour fa naiffance diftinguée, il s'éforcera de devenir louable comme eux, par des qualitez véritablement dignes de louanges, & il ne peut pas voir des anfans fort diftinguez, fans un grand nombre de condifiples.

De là il fuit que quoiqu'il manque encore plufieurs pratiques importantes à ce qui eft en uzaje dans nos Coléjes, même fur ce qui regarde le choix des conoiffances les plus importantes, je ne laiffe pas de croire l'Educafion des Coléjes, telle qu'elle eft, de beaucoup préférable à la meilleure Educafion domeftique de nos jours.

Au refte je croi l'uzaje du Bureau Tipografique de M. Dumas trez utile aux anfans dans les petites panfions, jufqu'à huit ou neuf ans

qu'on les met au Coléje:avec ccsBu-
reaux on leur aprendra à lire beaucoup plus facilemant;on leur donnera les commanfemans de la Langue
Latine ; on leur enfégnera un peu
dhiſtoire,de Géografie & de chro-
nolojie , parce que les anfans trou-
vent du pléſir à exercer leur mémoire par ce petit manéje,qui leur apor-
te des louanjes ; & qu'ils fantent de
la peine & de la contrainte à la
metode ordinaire ; or il ne faut mener les hommes vers leur bonheur ,
par la crainte de la puniſion , que
lorſque l'on ne peut pas les i mener
par la voye du pléſir.

TROIZIEME AVANTAJE.

*L'anfant conoîtra mieux les defauts au
Coléje.*

Les reproches que l'on fait en
publiq aux ecoliers , tantôt ſur le
trop d'eſtime qu'ils font des qualitez peu eſtimables , comme des ri-
cheſſes & des petits talans , tantôt

fur leur intanpéranfe à table, tantôt fur leur impafiance, tantôt fur leur trop de precipitafion à juger, tantôt fur leurs refolutions imprudantes, fur les fautes de juftefe dans leurs jujemans & dans leurs rézonnemans ; ces reproches feront autant de lefons de prudance & de fajefe pour l'ecolier qui en eft témoin; or fans Coléje, fans condifiple, il ne pouroit pas profiter de pareilles lefons fur ce qui eft de plus ou de moins blamable : les blames que refoivent nos pareils, nous inftruifent de nos devoirs; or où il n'i a point de pareils, il ni a point de femblables inftruxions, & à cette ocazion je dirai qu'il eft à propos que le Regent unife la louange de ce que l'ecolier a d'eftimable, aux reproches qu'il lui fait publiquemant fur ce qu'il a fait de blamable : il fe corije plus volontiers quand il voit qu'on lui fait gré de ce qu'il a fait de bien.

QUATRIEME AVANTAJE
TREZ IMPORTANT.

Plus d'ocazions de voir 'es injustices re-
prochées & blâmées.

Dans le Coléje, le Régent, le Préfet de la chambre, peut demander tous les jours publiquemant à celui de la chambrée qui a failli contre la justice ou contre la politesse, *voudriez vous que l'on eût fait que l'on eût dit la meme choze contre vous?* or ces ocazions manquent ou font beaucoup plus rares dans l'Education domestique; cependant l'habitude à la justice, est la plus importante au bonheur de l'ecolier & au bonheur de ceux avec qui il aura à vivre, & le Régent ne sauroit faire trop souvant chaque jour cete question, & prezanter cete importante regle de vertu, à l'esprit de ses ecoliers.

CINQUIEME AVANTAJE
IMPORTANT.

Plus d'ocazions de voir la politeſſe loüée & l'impoliteſſe blâmée, la vanjance blâmée, & le pardon des injures comblé de louanges.

Il eſt de la derniere importance pour un anfant, de lui procurer beaucoup d'ocazions d'exercer ſouvant la politeſſe & le pardon des injures, qui fait partie de la bienfézance, puiſque c'eſt par le fréquant & le long exercice de cete vertu, & par les blâmes publiqs des vices opozez, qu'il peut devenir trez bienfézant,& par conſequant d'un commerce trez aimable & trez dezirable.

Or il eſt viſible qu'ayant ſous les yeux beaucoup de condiſiples dans ſa claſſe & dans les autres claſſes, il poura facilemant faire plus ſouvant des honétetez, des prevenances, des politeſſes aux plus vertueux, & pardonner les in-

jures aux autres, fans s'en plaindre
à perfonne ; & dans l'Educafion
domeftique il n'a point à pardonner
de fautes pareilles.

SIXIEME AVANTAJE.

Les anfans fe gâtent moins au Coléje
par les defauts des domeftiques, que
dans l'Education domeftique.

Les anfans ont plus de commerce
avec les domeftiques mal elevez,
& qui font dans de mauvaifes ma-
ximes de morale, & fouvant four-
bes, flateurs, manteurs, fans pro-
bité, fans honeur, vindicatifs, n'efti-
mant rien au deffus des grandes richeffes & du grand pouvoir ; toutes opinions fauffes, toutes maladies contajicuzes, fur tout pour les
anfans : or au Coléje ils vivent
beaucoup moins parmi des domeftiques mal elevez, que dans la mai-
fon paternelle.

SEPTIEME AVANTAJE.

Les exercices en publiq diverſifient les repetiſions , & empêchent qu'elles ne deviennent annuieuzes.

On ſçait que c'eſt à force de re-petiſions que les anfans aprennent & retiennent des mots de Grammaire, des noms de Villes , de Provinces, de Rois , de Roiaumes & de faits hiſtoriques. D'un autre côté , on ſait que les repetiſions les annuyent ſi elles ne ſont diverſifiées, & qu'ainſi il faut les diverſifier. Or faire repeter les memes chozes , tantôt par l'un qui eſt loué de ſa mémoire & de ſon aplicaſion , tantôt par l'autre qui eſt blâmé de ſa pareſſe , ce ſont des repetiſions trez diverſifiées qui ne les annuyent point. Or ces repetiſions diverſifiées & publiques, ne peuvent ſe faire dans l'Education domeſtique.

HUITIEME AVANTAJE.

Les interrogasions en publiq aident a la mémoire de ceux qui ecoutent, & procure des efforts de l'esprit & de mémoire à ceux qui repondent.

L'ecolier qui ecoute celui qui eſt interrojé par le Regent, aprand ſouvant ce qu'il ne ſavoit point; ou bien la reponſe rectifiée par le Regent, enſeigne ſouvant ce que l'ecolier ne ſavoit point; ou bien la reponſe rectifiée par le Regent ſert a l'anfant de repetiſion de ce qu'il ſavoit déja, mais moins par-faitemant : & comme il s'atand à etre interojé à ſon tour, il fait des eforts d'atanſion pour n'avoir pas la honte de repondre mal en publiq & d'etre mocqué de ſes pareils, & pour avoir l'honeur de repondre mieux qu'aucun d'eux ; c'eſt par ces eforts repetez que l'on fait croî-tre l'intellijance & la mémoire des anfans ; Or dans l'Educaſion do-meſtique cela eſt impoſſible.

NEUVIEME

NEUVIEME AVANTAJE.

Il eſt plus avantajeux pour le bonheur, de commancer par une vie dure, que par une vie mole.

Dans l'Educaſion domeſtique, l'anfant ne manque de rien, il eſt par conſéquant plus délicat ; il ſoufre plus quand il eſt grand pour n'avoir pas eté acoutumé à manquer dans le Coléje de bien des chozes commodes.

Les anfans que l'on acoutume à ſe ſervir eux mêmes, à avoir ſoin de leurs hardes & de leurs livres, à acheter eux mêmes leurs petits beſoins, à vivre avec douceur en ſocieté, à pratiquer la diſipline de la chambre, à comter, à faire des mémoires, aquierent des habitudes trez propres à leur faire goûter davantaje les avantajes de leur vie future. Voila pourquoi les chambres communes me paroiſſent preferables aux chambres particulieres.

B

DIXIEME AVANTAJE.

Les Precepteurs domestiques sont des Precepteurs non encore formez.

Dans des Coléjes , on a d'ordinaire des Precepteurs qui font la profession depuis plusieurs années, qui savent mieux se plier & s'abaisser a la portée de l'esprit des anfans : ils ont plus de pasiance , & ont mieux remarqué les moyens de leur faire , ou craindre la honte , ou dezirer la louange ; avec l'experianse ils ont apris eux mêmes les alures anfantines , au lieu que dans l'Education domestique , les Precepteurs y arrivent tout neufs.

ONZIEME AVANTAJE.

Avantajes de la dispute familiere.

Les ecoliers dans leur chambre , antrent souvant en dispute sur leurs etudes, & cet exercice rand leur

esprit plus fort, & leur mémoire
plus exacte; & le Maitre a occazion
de leur enségner à disputer aveq politesse entre pareils, ce qui ne se fait
point dans l'Education domestique
où il n'i a point de pareils.

DOUZIEME AVANTAJE.

Avantaje que l'on tire de la moquerie.

La moquerie est un défaut dans
la plupart des moqueurs, mais souvant ce defaut sert à corijer le mo-
qué : or là où il n'i a point de mo-
queur, personne n'en est corijé ;
donq les defauts mêmes du Coléje
peuvent etre utiles.

TREZIEME AVANTAJE

Exercices corporels du Coléje plus sains
que les exercices domestiques.

Les ecoliers prennent plus de plé
zir dans leurs exercices & dans leurs
jeux, parce qu'ils veulent y mieux

réuſſir que leurs camarades ; & par conſequant ces exercices ſont plus ſains & mieux faits que les exercices de l'Education domeſtique.

QUATORZIEME AVANTAJE.

Medecins des Coléjes meilleurs pour les maladies des anfans.

Le Medecin, l'Apoticaire du Coléje , à l'eſprit égal , ſavent mieux gouverner les anfans : ils voyent plus clair dans leurs maladies , que ne peuvent faire les Medecins d'egal eſprit , qui ne voyent que des perſonnes âjées ; ainſi ils ſont mieux ſecourus au Coléje dans leurs maladies , que dans la maizon paternelle.

QUINZIEME AVANTAJE.

Amitiez du Coléje.

Les anfans d'une condiſion mediocre , y gagnent de faire conoiſſance

& amitié aveq les anfans d'une con-
dition elevée, & cete amitié leur
fert fouvant dans la fuite de leur
vie, & pour leurs afaires & pour
leur fortune.

SEIZIEME AVANTAJE.

*Le Coléje diminüe dans les anfans la
vanité de la naiffance illuftre.*

Les anfans d'une naiffance illuftre
font oblijez de vivre familieremant,
& fans recevoir des marques de refpect, aveq des camarades d'une
naiffance commune; &c'eft un bonheur pour eux que les autres anfans
les acoutument à faire moins de cas
de la naiffance diftinguée, que du
merite diftingué, parce que ceux
qui,à tout momant veulent fe parer
d'un pareil avantaje etranjer fi peu
louable,tombent dans le ridicule &
dans l'impertinance, puifque dans
le fond il n'y a que les qualitez diftinguées, foit du cœur, foit de l'efprit, qui foient réelemant eftima-

bles , & qui meritent de la diftin-
xion , du refpect & des louanjes.

Il eft vrai que la moitié de ces
derniers avantajes font peu impor-
tans à l'augmentafion du bonheur
de l'ecolier & de fes concitoyens ,
en comparaizon des quatre ou cinq
premiers ; mais tous anfemble me
font croire que dans chaque Mo-
narchie, il devroit y avoir un Coléje perpétuel pour y elever les anfans des grans, des Princes & des
nobles , proche le fejour du Roi ,
afin que lè Prince hereditaire , aveq
fon Gouverneur , fon Precepteur
& fes autres Oficiers, en pût profiter.

On ne fauroit jamais trop apor-
ter d'atanfion à ce qui peut contribuer à randre les anfans plus juftes
& plus bienfézans , foit pour augmanter leur bonheur dans la vie
prezante, & le bonheur de la focieté , foit pour leur affurer davantaje
le bonheur eternel de la feconde vie.

Paradis aux Bienfaizans.

Pour faire plus estimer par les Ecoliers la Vertu distinguée, que les Talens distinguez.

JE supoze que les Coleges sont instituez afin de randre les Anfans qui y sont elevez, d'un coté beaucoup plus vertueux, & de l'autre beaucoup plus capables de reüssir dans les talans des diferantes proféssions de l'Etat où ils sont destinez pour augmanter leur bonheur, & le bonheur de leur patrie.

Je supoze qu'il est incomparablemant plus inportant pour augmanter ce bonheur, & pour leur faire obtenir le bonheur de la vie future, de cultiver & de fortifier leurs habitudes à toutes les parties de la justice & de la charité bienfaizante, que d'augmanter les talans de leur esprit.

C'est que l'homme vicieux, méchant, l'homme injuste peut anployer ses connoissances & ses talans a augmanter ses propres maux

A

heurs & les malheurs de ſa patrie ; témoin Catilina , témoins les autres mechans Celebres dans l'Hiſtoire ; au lieu que l'homme vertueux, juſte & bienfaizant ne ſauroit anployer ſes vertus & ſes talans qu'à augmanter ſon propre bonheur , celui de ſa famille & de ſa patrie.

Ainſi il eſt trez important que les Precepteurs & les Regens anployent plus d'heures par jour à fortifier dans les Anfans les habitudes aux vertus de l'ame , qu'à fortifier les habitudes aux talans de l'eſprit.

Je ſai bien que le long des ſiecles l'educaſion de nos Coléges peut ſe perfexionner inceſſamant du coté des Meurs , comme du coté des Talans , mais nous pouvons commancer à donner aux Anfans plus d'eſtime pour les Vertus que pour les Talans.

PREMIER MOYEN.

Je ſupoze que pour donner plus d'emulaſion aux Ecoliers de la même Claſſe pour devenir plus vertueux les uns que les autres , il eſt à propos de leur propozer tous les mois la premiere place de la Cliffe, qui eft celle de Dictateur, & un Prix chaque mois pour celui d'antre eux qui fera nommé par Scrutin (qui fera fait antre eux & par ecrit antre les mains du Regent) pour avoir eté le long du mois le plus jufte & le plus bienfaizant ; c'eft-à-dire le plus doux, le plus pieux, le plus poli, le plus indulgent, le plus modefte, le plus pardonnant pour plére à Dieu ; & qui aura eté le moins pe-tulant, le moins inpoli, le moins fier, le moins méprizant, le moins inpafiant.

Je fupoze que pour les exciter à fe furpaffer les uns les autres du co-té des Talans, il faut la fegonde Place, & un Prix pour ceʼui qui aura etudié avec le plus de fuccez, au jugemant du Regent & du Prin-cipal du Colége ; à condifion que le mème Ecolier ne poura point avoir les Prix plus de deux mois de fuite.

Les Regens & le Principal font les meilleurs juges des Talans ; mais les Ecoliers qui vivent anfanble font les meilleurs juges du degré de juftice & d'injuftice , de politeffe & d'in politeffe , de douceur & d'aigreur , de pafiance & d'inpafiance les uns des autres.

Je fupoze que pour leur faire connoitre combien il leur eft plus inportant d'aquerir des Vertus que des Talans , les Prix des Vertus foient moitié plus confiderables que les Prix des Talans , & qu'on leur faffe fantir que ce qu'il y a de plus precieux dans ces Prix pour celui qui les a ranportez , ce n'eft pas la valeur de ces Prix , c'eft l'honneur d'avoir furpaffé tous fes Camarades , ou en Vertus ou en Talans ; honneur qui fera affuré à l'Ecolier victorieux par le Certificat inprimé , figné du Principal du Colége.

Je fupoze que le Principal du Colége fe propoze d'indiquer dans deux ou trois ans , un jour la femaine , comme le Lundi , pour etre anployé tout antier aux exercices qui peuvent faire eftimer les Vertus

& en faire dezirer l'aquizition , tel
que feroit le recit du Regent des
Vies des Grands Hommes , en fai-
zant remarquer aux Ecoliers avec
eloquanfe la grandeur des récompanfes des talans qu'ils ont an-
ployez par Vertu , pour procurer
de grans bienfaits à leur patrie. Ils
feront auffi remarquer avec eloquanfe la grandeur des malheurs
que fe font attirez les mechans par
leurs injuftices.

Parmi ces exercices , je compte
les déclamations publiques des Scè-
nes Vertueuzes , & des belles ma-
ximes de Morale. Le Principal aura
foin de préparer d'ici a ce tems-là
ces exercices : c'eft le fegond moyen
pour faire de plus en plus eftimer
& dezirer la Vertu ; mais en attan-
dant , il eft à fouhaiter que dez cette année , on commance à donner
dans chaque Claffe la premiere Place , & les Prix des Vertus en même-
tems que les Prix des Talans.

Je fupoze qu'à la fin de l'année
dans une affanblée publique les
deux de chaque Claffe qui auroient

eu plus grand nombre de Prix le long de l'année, tant en Vertus qu'en Talans, en reçuſſent ancore ce jour là chacun un ſur le Téatre à la fin de la Tragedie, & que l'un de ces Prix, c'eſt-à-dire le Prix de Vertu, fûr le triple en valeur du Prix des Talans. On ne ſauroit trop honorer la Vertu diſtinguée devant les Anfans, & la mettre au-deſſus de l'eſprit diſtingué : c'eſt que l'eſprit diſtingué ne vaut rien que lors qu'il eſt dirigé & anployé par la vertu.

D'où vient que les Ecoliers au ſortir du Colége cherchent tous à être diſtinguez du coté de l'Eſprit & des Talans parmi ceux avec qui ils ont à vivre ? D'où vient qu'il n'y en a point, où qu'il y en a ſi peu qui cherchent à ſe diſtinguer parmi leurs voizins & leurs amis du coté de la juſtice, & du coté de la bienfaizance ? Pourquoi ne cherchent-ils point la *premiere Place d'eſtime* dans leurs ſocietez, dans leur voizinage du coté de la Vertu ? C'eſt que dans leur Colége on leur a appris à eſtimer ſuperieuremant les Talans de l'Efprit par des préféances & par des Prix , & qu'il n'y avoit au Colége ni préféance ni Prix fuperieurs pour ceux qui avoient la fuperiorité du coté de la Vertu.

Cepandant combien les Hommes feroient-ils plus hureux dans leurs deux vies , fi avec le fecours d'une educafion plus vertueuze ils difputoient tous les jours à qui feroit le plus jufte & le plus bienfaizant anvers fes parans , anvers fes voizins & anvers fa patrie , pour plére à Dieu & pour en obtenir le Paradis ?

F I N.

OBJEXION I.

IL y a des parans qui aimeroient mieux que leur fils fût le premier de fa Claſſe pour la Traduction, pour la Compozition du Latin & du Greq en Proze & en Vers, & pour les Operations de la memoire, que de favoir qu'il a moins de talans qu'un autre ; mais qu'il eſt eſtimé de tous ſes camarades pour être le plus doux, le plus civil, le plus poli, le plus gay, de l'humeur la plus egale, le plus complaizant, le plus oficieux, le plus aimable, le plus gracieux, le plus charitable anvers les pauvres, le plus obeïſſant, le plus aſſidu, le plus conſtant au travail, le plus modeſte dans les loüanges qu'il reçoit, le plus equitable, le plus docile, le plus patiant, le plus indulgent, le plus diſcret, du comerſe le plus dezirable, en un mot qu'il eſt le plus juſte & le plus bienfaizant de ſa Claſſe.

Il y a des parans qui veulent que

leur fils foit toujours le plus favant de fes camarades , fans fe foucier s'il fera le plus inpatiant, le moins poli, le moins gracieux , le moins honnête , le moins reconnoiffant , de l'humeur la plus inegale, le moins complaizant , le moins oficieux , le moins genereux, le moins charitable anvers les pauvres , le plus indifcret, le plus orgueilleux , en un mot le moins jufte & le moins bienfaizant de tous fes camarades.

REPONSE.

Je ne faurois croire qu'il y ait des parans affez peu fanfez pour faire un pareil choix, & pour ne pas voir que le plus diftingué par fes talans, s'il etoit le plus injufte, le plus mal-faizant de fes camarades, devien-droit bientôt le plus malhureux d'antre eux, foit dans cette premie-re vie, foit dans la vie future.

OBJEXION II.

Ce choix par fcrutin pour la place la plus honorable qui eft la place de la vertu, excitera de la jalouzie ,

de l'envie, de l'orgueil parmi les
Ecoliers ; or la jalouzie, l'envie &
l'orgueil font des Vices qui portent
les envieux, les orgueilleux à l'injuftice.

R E' P O N S E.

1°. Il eft vrai que fouvant les
honneurs, les récompanfes que refoivent les autres, excitent la jalouzie & l'anvie des Competiteurs,
mais cela doit-il ampêcher ceux qui
gouvernent de diftribuer des honneurs, des prix & autres récompanfes à ceux qui fe diftinguent dans
les talans, dans les fervices, ou
dans les vertus utiles à la Patrie ?

2°. A la bonne heure que tous les
Ecoliers aient un peu de jalouzie
& vizent à cette premiere place qui
eft deftinée à celui qui fera jugé par
le plus grand nombre dès Ecoliers
comme le plus vertueux, comme
ayant plus de juftice & plus de charité bienfaizante.

3°. Tant que cette forte de récom-
panfe excite à la vertu, elle eft elle-
même vertueuze : elle n'eft vicieuze

que lorfqu'elle porte à être injufte ;
or cette injuftice ne peut tomber
que fur l'erreur de ceux qui fe trom-
pent, en donnant à un tel le prix de
la vertu, lorfqu'il faudroit le donner
à un autre qui eft le plus vertueux ;
or cette erreur qui n'eft que dans
l'opinion eft peu de choze , & l'on
peut aizémant s'en coriger par le
fecours des autres.

4°. Celui qui eft jugé le plus
vertueux par le fcrutin , excitera
l'eftime & n'excitera point la jalouzie s'il eft modefte , c'eft à dire s'il
croit que fes camarades qui l'ont
choizi : lui ont fait grace : il n'y a
que l'orgueil & fa prezomption qui
revoltent ; ce n'eft pas à nous , c'eft
aux autres à jujer de ce que nous
valons pour eux.

OBJEXION III.

Le dezir d'avoir au fcrutin la premiere place du plus vertueux, infpirera aux Ecoliers le dezir de feindre
les diferantes vertus ; ainfi ce ne fera
pas tant les vertus que les Ecoliers
tâcheront d'aquerir que les aparan-

ces des vertus, ils deviendront
d'habiles hipocrites de vertu.

REPONSE.

1°. Ceux des Ecoliers qui ne
vizeront qu'aux aparances des vertus, aprandront du moins que les
vertus font plus eftimables & plus
eftimées des perfonnes fajes que les
talans.

2°. Plufieurs panferont que le
plus court & le plus aizé c'eft de
vizer à etre le plus doux, le plus
poli, le plus pafiant, le plus pardonnant, qu'à vizer à le paroitre.

3°. Ils panferont qu'à force d'eforts
pour paroitre pafiant, poli, doux,
pardonant, ils aquiereront la douceur, la politeffe, la pafiance & les
autres vertus; ainfi l'hipocrizie eft
elle-même le commancemant de la
vertu.

4°. Ceux qui ne vizeroient qu'à
tromper les autres, feroient bientôt
reconnus pour hipocrites en vivant
tous les jours & à toutes les heures
avec leurs mêmes camarades; & au
lieu de fe faire plus eftimer, ils s'en

A iij

feroient plus méprizer ; ainfi loin d'y gagner de l'eftime de la part de leurs camarades , ils s'apercevroient bientôt qu'il y auroit à perdre à etre & à paffer pour hipocrites.

5°. Il y a même des hipocrizies qui font fort dezirables dans la focieté. Telles font les Aumones , les liberalitez, la patiance, l'induljance, le pardon des injures &c. & de là il fuit que la crainte de l'hipocrizie ne doit jamais ampêcher d'etablir des récompanfes pour ceux qui feront diftinguez par leurs vertus.

OBJECTION IV.

Je comprans bien que l'on peut faire executer le fcrutin antre trante Ecoliers ; mais fi, par example , il y avoit 120 Ecoliers panfionaires dans une Claffe, commant faudroit-il s'y prandre ?

REPONSE.

Il faudroit les partager en fix divizions de 20. chacune , & faire un premier fcrutin , afin que chacune de ces fix divizions de vingt cha-

cune, choizît les cinq plus vertueux
de chaque divizion, cela feroit la
divizion choizie de trante panfionaires.

Or on demanderoit à cette divizion de trante, de choizir & de nom-
mer celui d'entre eux qu'ils croïent
le plus vertueux ; comme, le plus
doux, le plus pafiant, le plus obeïf-
fant, le plus docile, le plus la-
borieux, le moins brufque, en un
mot le plus jufte & le plus bienfaizant.

O B J E X I O N V.

L'inftitution de la Congrégation
fufit pour faire eftimer & dezirer
davantage par les Ecoliers la vertu
diftinguée, que les talans diftinguez.

R E P O N S E.

1°. Demandez aux Ecoliers au
fortir du Colége à qui ils aimeroient
mieux reffanbler, aux premiers en
talans de leur Claffe, ou au plus vertueux ; vous verrez qu'ils choiziront
de reffanbler au plus favant & à
celui qui a le plus d'efprit : c'eft

qu'ils ne font pas attantion à l'efet
des vices, des defauts & des injuftices qui bleffent, qui offenfent &
qui peuvent cependant fe rancontrer avec des talans diftinguez; ce
qui fait qu'il peut y avoir des perfonnes favantes & de beaucoup
d'efprit, qui ne font pourtant pas
d'un comerce aimable & dezirable,
ni d'une vie fort hureufe; ceft que,
tout ce qui brille n'eft pas or.

2°. Quel eft le but de la premiere
place & du plus grand prix pour la
vertu diftinguée dans chaque Claffe
tous les mois; quel eft le but des
moindres places & des moindres
prix pour les talans dans chaque
Claffe? N'eft-ce pas de faire en forte
par des diftinxions fanfibles & fré-
quantes, que les anfans dans les pre-
mieres Claffes s'acoutument à eftimer, à refpecter & à dezirer la moitié plus la douceur, la politeffe,
l'obeïffance, l'exemption des défauts
qui ofanfent; en un mot la vertu
diftinguée, que de faire dezirer de
réuffir dans la traduxion, dans la
compozition en Latin, dans la

Poëzie, dans les fiances ; en un mot
dans les talans ? or pour arriver à
ce but, l'inſtitution de la Congrégation ne ſufit pas. Car 3°. la diſtinxion de vertu entre les Congrega-
niſtes, ne ſe fait point par Claſſes
entre Ecoliers qui vivent, qui
joüent, qui etudient anſamble, &
qui ſe connoiſſent par conſéquant
mieux dans la même Claſſe, que
d'une Claſſe à l'autre.

4°. Cette diſtinxion ne ſe fait
point entre eux par ſcrutin, eux qui
s'ofanſent quelquefois, & qui ſe font
bien-tôt aprez de petits plézirs, &
qui, par conſéquant, connoiſſent
mieux leurs vertus & leurs défauts.

5°. Il n'y a point dans la Congregation de prix publiqs donnez avec
ceremonie dans chaque Claſſe à la
vertu diſtinguée.

6°. Rien n'ampêche d'ajouter la
metode des prix & des places de la
vertu diſtinguée, à la metode de la
Congregation qui porte particulie-
remant à la dévotion diſtinguée

Ces deux metodes font eſtimer &
dezirer la vertu, & les exhortations

que l'on y fait, peuvent fe tourner ancore plus vers la corexion des injuſtices, c'eſt à dire vers la corexion des défauts qui ofanſent les autres & qui ſont opozez à la charité bienfaizante qui eſt l'eſſantiel de la Religion, toutes deux ſont bonnes à unir dans le même Colége; *ce qui ajoute ne nuit pas.*

F I N.

REPONSES

AUX OBJEXIONS NOUVELLES.

Confidérations preliminaires.

LE but du Memoire eſt de montrer qu'il ſeroit trez utile de ſuivre dans les Coléges, une métode *qui pût donner aux Ecoliers une conſideration beaucoup plus grande pour ceux d'antr'eux qui ont plus de vertu que pour ceux qui ont plus d'eſprit*, pour ceux qui ont plus de douceur & de politeſſe, que pour ceux qui ont le plus de connoiſſances & de ſiance.

Il ſeroit à propos qu'au ſortir du Colége, ils *fiſſent beaucoup plus de cas de ceux qui craignent plus de déplaire à leurs pareils & qui cherchant avec plus de ſoin à leur faire plaixir, ſe font aimer que de ceux qui ſe font admirer* par la ſuperiorité de leur memoire & de leur intelligence.

En un mot il ſeroit trez inportant pour l'augmantaſion de la charité bien ſaizante & pour l'augmantaſion du

A

bonheur des hommes, que les Ecoliers *eussent beaucoup plus d'estime pour
ceux qui sont distinguez par leur justice,
par leur bienfaizance, & qui se font plus
aimer que pour ceux qui brillent parmi leurs
pareils par la superiorité de leur esprit &
de leur savoir.*

La verité est que nous voyons dans
le monde qui est ancore dans l'anfan-
ce de la raizon que l'on n'y distingue
guères par la confideration que ceux
qui y font distinguez par leur esprit
& par leurs talans, & que presque
perfonne n'y est distingué par les vertus les plus estimables & les plus ai-
mables ; ainfi il n'est pas etonant que
dans les Coléges l'on n'y estime,
que l'on n'y distingue que les qualitez
brillantes de l'Esprit qui seules font
estimées & distinguées dans le monde
qui ne fait pas ancore estimer les grans
biens qu'aporteroit la pratique de la
charité bienfaizante.

Mais c'est aux fages estimateurs de
la valeur des bonnes qualitez & qui
gouvernent les Coléges à voir combien le monde tel qu'il est ancore au-
jourdui fe méprand, en estimant plus
l'éloquance, les fiances & les talans

fuperieurs de l'efprit que la pratique diftinguée de la juftice & de la bien-faizance.

Ce qui montre evidanmant combien cette méprize du commun du monde prézant eft grande, c'eft la réfléxion qu'il peut fe rancontrer dans la focieté, des Selerats fort eloquans, fort fa-vans, diftinguez par divers talans de l'efprit qui font beaucoup de maux & d'injuftices dans le monde, au lieu que l'on ne fauroit jamais craindre de maux de la part des plus juftes, & que l'on peut efperer divers bienfaits de la part des plus bienfaizans.

N'eft-il pas vrai que pour augmanter le bonheur de la Société, il eft à propos que dez le Colége, les Eco-liers aquierent de la penetrafion, de l'éloquanfe, & des talans de l'efprit ? mais n'eft-il pas certain auffi que ces talans pour devenir utiles à l'Etat doivent toujours être etroitemant unis avec les Vertus, c'eft à dire avec la juftice & avec la bienfaizance ? c'eft que fans juftice vous n'aurez jamais dans les Citoïens que des talans per-nicieux ; vous n'aurez que des Cati-linas, des Luters, des Calvins, qui

ne feront propres qu'à boulverfer les
Etats & à cauzer les plus grans malheurs de la Societé.. Or ne vaudroit-
il pas ancore mieux ne voir nuls talans diftinguez dans les Citoïens que
d'y en voir de pernicieux à la Répu-
blique?

Supozé donq que l'on convienne
du principal but du Colége, & que
l'on veuille infpirer aux Ecoliers moi-
rié plus d'eftime pour la Vertu diftinguée que pour l'Efprit diftingué,
n'eft-il pas evidant que l'on ne peut
leur faire mieux remarquer cette fuperiorité d'eftime que par des places fuperieures & plus diftinguées pour la
vertu diftinguée, que les places defti-
nées aux talans diftinguez de l'efprit,
& par la diferance qui fera antre les
prix deftinez pour la plus grande douceur & pour la plus grande politeffe,&
antre les prix deftinez pour les plus
grans talans de l'efprit ?

O B J E X I O N I.

Le projet eft inpratiquable pour
les anfans des Claffes de fept ou huit
ans & au deffous de dix ou douze
ans.

REPONSE.

1°. Les Enfans de sept ou huit ans font deja capables de difcerner cette fupériorité d'eftime par la fuperiorité des places qui feront données à ceux qui feront regardez par leurs camarades pour les plus polis, les plus doux, les plus pafians, c'eft à dire les plus vertueux. Ces anfans font capables de s'apetfevoir de cette diftinxion auffi bien que de la diferance qui fera antre les prix & de voir par conféquant que les talans fuperieurs de l'efprit font ancore moins eftimez parmi les hommes fages, que les qualitez fuperieures de la vertu. D'ailleurs les divers exanples des vices & des vertus que les Regens peuvent leur donner dans cet âge leur feront aizémant fantir, que les qualitez vertüeuzes font les plus eftimables, & que les défauts opozez font les plus odieux, & plus propres à augmanter le malheur des hommes, que ne font l'ignorance ou le défaut des talans de l'efprit.

2°. Il eft vrai que les Ecôliers des plus baffes Claffes choiziront d'abord plus mal l'Ecolier le plus poli, le plus doux , le plus pardonnant d'antre leurs camarades, mais peu à peu ils le corigeront & leurs derniers choix des derniers mois de la premiere année seront faits avec plus d'atansion que ceux des premiers mois , & ce qui est de principal , ils estimeront & aimeront plus l'homme distingué par la vertu, que celui qui n'est distingué que par les talans de l'esprit.

3°. Quand cette métode pour perfexionner les Coléges ne pouroit se pratiquer que dans les seules Classes des Ecoliers de dix à douze ans , ne seroit-ce pas toujours un grand avantage ?

OBJEXION II.

Les Ecoliers seroient occupez dans leurs exercices & dans leurs jeux à s'observer les uns les autres sur les défauts de douceur & de politesse ; ainsi ils en auroient moins de cette gayeté necessaire dans leurs exercices.

REPONSE.

1°. A la bonne heure qu'ils ayent de l'atension à leurs jeux , à observer la douceur & la politesse des uns &

l'inpolitesse , l'inpasiance & la grossie-
reté des autres pour le coriger & se per
fexioner eux mêmes de ce coté là.

2°. Cette atansion pour la douceur,
pour la politesse & pour la pasiance ne
leur otera point leur gayeté : rien n'est
plus ordinaire que de voir la politesse
& la douceur naturelle unies avec la
gayeté naturelle.

3°. A la bonne heure qu'ils ayent
dans leurs jeux & dans leurs exercices
plus d'atansion ou à la pratique des
manieres douces & polies , & aux défauts contraires à ces vertus , qu'aux
defauts du coté des talans de l'Esprit.
Votre objexion fait pour moi.

A la bonne heure que cette atansion
leur serve à réprimer les premiers mou-
vemans de colére & d'inpasiance où
les enfans sont si sujets. Cette atansion
nouvelle aux défauts des uns & aux
vertus des autres , comme ce qu'il y a
de plus estimé & de plus estimable,
n'est-ce pas le principal but des bons
Coléges ?

OBJEXION III.

Dez qu'il y aura quelque choze à
partager antre les Ecoliers , il y aura

de l'anvie, de la jalouzie : il y aura du chagrin d'en voir d'autres préférez pour les honneurs.

RÉPONSE.

1°. Ces défauts d'anvie, de jalouzie font des maux neceffaires là où il doit y avoir de l'emulafion & des préferances d'honneurs, mais cela doit-il ampècher l'emulafion & les préférances pour les qualitez les plus eftimables ? ne doit-on pas au contraire tâcher d'augmanter l'emulafion antre les Ecoliers pour la vertu & pour les talans les plus utiles par diverfes fortes de récompanfes.

2°. Ne propozez-vous pas vous même des places diferantes & des prix diferans à vos Ecoliers à qui aura mieux réuffi dans l'aquizition des talans de l'efprit. Cepandant vous comptez que ces récompanfes feront naitre parmi eux les défauts de l'anvie & de la haine que l'on a contre les Ecoliers préférez, & vous ne comptez prefque pour rien en comparaizon des avantages qui reviennent à la Societé de *l'emulafion* pour la fuperiorité des talans.

Pourquoi compteriez - vous pour

beaucoup les mèmes défauts d'anvie &
de jalouzie, lors qu'il s'agit de multi-
plier les avantages que produira à la
Societé l'emulafion pour la fuperiorité de vertu.

3°. Il y a mème une obfervation
favorable à ma propozition, c'eft que
celui qui vize à la fuperiorité de vertu
ne fauroit ignorer que l'anvie eft un
vice honteux à montrer lorfqu'il porte
à l'injuftice ; ainfi l'Ecolier comman-
cera par s'en garantir, ou du moins par
en eviter les dehors. Il eft vrai qu'alors
ce fera hipocrizie , mais une pareille
hipocrizie bien cachée eft-elle un grand
défaut ?

OBJEXION IV.

L'Efet naturel des diftinxions des
places & des prix deftinez pour la fuperiorité de douceur & de politeffe ,
de juftice , de bienfaizance. Ce fera
l'hipocrizie de ces vertus. Vous ferez
des Hipocrites par votre métode &
vous ne ferez point de vertueux.

REPONSE.

1°. Il fe peut bien faire que le dezir
de ces honneurs infpirera aux Ecoliers

le dezir de paroitre plus doux & plus
polis qu'ils ne paroîtroient fans ces récompanfes ; mais n'eft-ce pas toujours
quelque choze que de randre exterieu-
remant les Ecoliers plus doux, plus polis, plus pafians ? n'eft-ce pas toujours
un avantage pour le Commerce que
cette douceur & cette politeffe exte-
rieure ?

2°. Ces Hipocrites de douceur & de
politeffe n'auront-ils pas moins de pè-
ne à etre bien-tôt réélemant plus doux
& plus polis que leurs camarades ?

3°. Ceux qui feront interieuremant
plus doux & plus difpozez à la politeffe, à la juftice & à la bienfaizance ne
feront-ils pas ancore excitez à fortifier
en eux ces bons fantimans par les plézirs qu'aportent dez cette vie les diftinxions & les honneurs deftinez à la
pratique de la vertu.

4°. Si on leur montre que ces pratiques font partie de la pratique du pre-
cepté de la charité bienfaizante tant
recommandé dans St. Mathieu 7. 12.
comme l'effantiel de la Religion,& par
conféquant comme le grand moyen
d'obtenir en Paradis une récompahfe
eternelle & que les talans diftinguez de

l'efprit n'y peuvent en rien contribuer, que par la pratique de la charité, n'eft-il pas vrai famblable que par cette nouvelle confideration ils préféreront de beaucoup les pratiques de la charité à l'aquizition des talans de l'efprit , ce qui eft le but principal de notre nouvelle métode?

5°. De-là il fuit qu'il n'y a rien à craindre & qu'il y a au contraire tout à efperer d'une métode qui tand à infpirer beaucoup d'émulafion aux Ecoliers , foit pour la juftice & pour la bienfaizance , foit pour les fiances, l'eloquanfe & les autres talans de l'efprit & qui leur forme fufizanmant le difcernemant pour eftimer beaucoup plus les qualitez qui font réélemant beaucoup plus eftimables que les autres.

6°. Les Regens anfégneront affez facilemant aux Ecoliers que l'hipocrizie de la vertu fe dévoile aizémant,& que l'on ne devient que plus méprizable quand on eft reconnu Hipocrite; ainfi il n'y a pas d'aparance que de jeunes gens, fur tout des Ecoliers , vizent plutôt aux aparances & aux dehors de la vertu qui coutent tant de foyns, qu'à la vertu même qui ne songe ni à se cacher, ni a se montrer, mais simplemant à estre effective & rélle.

De-là il suit que si l'on convient du principal but des Coléges, on doit ancore convenir de la métode qui est la plus propre pour les perfexionner, c'est à dire des moyens d'exciter plus d'emulation antre les Ecoliers, à qui aura moins de défauts & plus de vertus pour se faire aimer & estimer, qu'à aquerir des talans de l'esprit qui ne sauroient les faire estimer & aimer, qu'à mezure que la bienfaizance les poura mettre en œuvre pour augmanter son propre bonheur & le bonheur des autres.

FIN.

www.ingramcontent.com/pod-product-compliance
Lightning Source LLC
LaVergne TN
LVHW012058030726
842523LV00002B/588